SONNE · MOND
UND · STERNE

- *Erstes Lesealter*
- *Große Schrift*
- *Viele farbige Bilder*
- *Bekannte Autoren*

Bettina Obrecht

Julian und das Mamapapa

Bilder von
Kerstin Meyer

Verlag Friedrich Oetinger · Hamburg

Nach den Regeln der neuen Rechtschreibung gesetzt

Einbandgestaltung: Manfred Limmroth
Titelbild und farbige Illustrationen: Kerstin Meyer
Litho: Die Litho, Hamburg
Druck und Bindung: Mohndruck GmbH, Gütersloh
Printed in Germany 1997

ISBN 3-7891-0523-6

Julian wohnt mit einem Ungeheuer zusammen. Er nennt dieses Ungeheuer *das Mamapapa*.

Das Mamapapa hat vier Augen, vier Arme und vier Beine. Aber das ist nicht so schlimm, wie es klingt. Ein Mamapapa ist kein besonders gefährliches Ungeheuer.

Es kann nicht Feuer spucken und hat auch noch nie versucht Julian aufzufressen. Es verhaut ihn auch nicht, obwohl es das mit seinen vier Armen leicht könnte. Manchmal kann es sogar richtig lieb sein und Julian in diese vier Arme nehmen. Nein, meistens ist das Mamapapa auch nicht schlimmer als die Mütter und Väter der anderen Kinder. Julians neue Freundin Stine hat ihn gleich am ersten Schultag gefragt:

„Wieso nennst du denn deine Mama und deinen Papa *das Mamapapa*?“
„Weil sie immer so sind, als wären sie nicht zwei, sondern nur einer“, sagt Julian. „Sie sagen und machen immer das Gleiche.“
Und genau so ist es. Das Mamapapa hat vier Augen, zwei braune und zwei graue, die Julian gleichzeitig streng anschauen können. Und zwei Münder, mit denen es gleichzeitig dasselbe sagt. Und das Mamapapa sagt ziemlich viel.

Es hat eigentlich zu allem etwas zu sagen.
Wenn man ein einzelner kleiner Junge ist, kann man sich gegen so ein mächtiges Wesen nicht wehren.
Das Mamapapa findet zum Beispiel, dass Julian gerade dann ins Bett gehen muss, wenn im Fernsehen die interessanten Programme anfangen.
Und das Mamapapa findet, dass Computerspiele blöd machen und dass Julian sich nicht länger als eine halbe Stunde am Tag damit beschäftigen sollte.
Und es findet, dass Vollkornbrot zum Frühstück besser ist als Schokocrispies, weil die bloß die Zähne kaputtmachen.
Und das Mamapapa meint auch, dass es unmöglich ist, in Julians Zimmer Fledermäuse zu halten.

„Du bist wohl nicht gescheit!“, hat es mit beiden Mündern gleichzeitig ausgerufen, als Julian den Vorschlag mit den Fledermäusen gemacht hat.

„Immer zwei gegen einen“, sagt Julian. „Es ist einfach unfair.“

„Streiten sich deine Mama und dein Papa denn nie?“, fragt Stine.

„Gar nie“, sagt Julian düster.

„Du hast es gut“, sagt Stine. „Meine Eltern streiten sich dauernd. Das ist auch nicht schön.“

„Und findest du dann, dass dein Papa Recht hat oder deine Mama?“, möchte Julian wissen.

„Das ist verschieden“, sagt Stine. „Mal halte ich zu Papa, mal zu Mama. Manchmal auch zu gar keinem.“

Und sie erklärt Julian genau, wie das ist, wenn man kein Mamapapa daheim hat, sondern eine einzelne Mama und einen einzelnen Papa.

Zum Beispiel sagt Stines Mutter: „Zu viel

Computerspielen macht blöd. Jetzt schaltest du sofort das Gerät aus."
Aber dann sagt Stines Papa: „Jetzt lass sie doch. Heutzutage können sich Kinder nicht früh genug mit Computern beschäftigen. Das kann ihr später nur nützen."
Oder Stines Papa sagt: „Wenn du deinen Salat nicht aufessen willst, dann kriegst du auch keinen Nachtisch."

Und Stines Mama sagt erst mal gar nichts. Aber später bringt sie Stine heimlich ein Schälchen Pudding auf ihr Zimmer.

Das hat viele Vorteile, findet Julian.

Aber Stine sagt: „Wenn sie sich richtig streiten, dann ist es gar nicht schön. Dann knallt Mama mit den Türen und Papa hat einmal einen Blumentopf kaputtgeschmissen.“

Julian kann es kaum glauben. Eltern, die mit Blumentöpfen schmeißen und Türen zuknallen! Zu Hause knallt nur er mit den Türen und dann ruft mindestens einer der Mamapapa-Münder „Reiß dich zusammen!“ hinter ihm her.
„Gibt es denn nichts, was dir deine Mama erlaubt und dein Papa nicht?“, fragt Stine.
Julian überlegt, aber ihm fällt nichts ein.

Seine Oma, ja, die erlaubt ihm manchmal etwas, was das Mamapapa nicht erlauben würde. Sie hat zum Beispiel nichts gegen Schokocrispies zum Frühstück einzuwenden. Aber Julian darf dem Mamapapa nicht erzählen, dass Oma ihm alles erlaubt. Ein Mamapapa kann nämlich auch mit einer Oma schimpfen. Es ist eine Bedrohung für die ganze Familie. Man muss etwas gegen das Mamapapa unternehmen.

„Ich helfe dir!“, verspricht Stine.

„Wie denn?“, fragt Julian.

„Wir müssen etwas finden, was deine Mama gut findet und dein Papa nicht. Oder umgekehrt. Dann löst sich dein Mamapapa einfach in Luft auf.“

Aber Julian schüttelt den Kopf.

„Das gibt es nicht“, sagt er. „Die finden immer beide alles gut oder beide alles blöd.“

„Das glaube ich nicht.“ Stine springt in eine Pfütze, dass es nur so spritzt. „Zu so etwas sagen Mamas: ‚Kannst du nicht auf deine Hosen aufpassen, die sind gerade gewaschen.‘ Und Papas sagen dann: ‚Mach nicht so ein Drama. Kinder müssen sich eben austoben.‘“

Julian runzelt die Stirn.

„Probier es doch mal aus“, drängt Stine.

Julian zuckt mit den Schultern, aber er nimmt Anlauf und springt in die tiefste Pfütze, die er finden kann. Stine kriegt auch noch eine Menge Wasser ab.

Weil das Wasser ein bisschen zu sauber ist, turnt Julian anschließend noch über den großen Erdhaufen neben der Baustelle. Danach ist Stine mit Julians Hosenbeinen zufrieden.

„Du musst mir morgen erzählen, ob es geklappt hat!“, sagt sie.
Julian verspricht es und rennt nach Hause. Es ist ein bisschen kalt mit der nassen Hose, aber dafür ist sie jetzt richtig schön dreckig.

„Wie siehst du denn aus!“, ruft Mama, als sie Julian sieht.
Damit hat Stine Recht gehabt.
Julian zieht die Schuhe aus. Die Strümpfe sind völlig durchgeweicht. Dann schaut er durch den Türspalt in die Küche. Am Küchentisch sitzt Papa. Der kommt zum Mittagessen immer nach Hause, weil er in derselben Straße arbeitet.
„Du könntest ruhig ein bisschen besser auf deine Sachen aufpassen“, sagt Papa. „Glaubst du denn, das Geld für deine Klamotten fällt vom Himmel?“
„Aber“, stottert Julian, „aber Kinder müssen sich doch austoben!“
Oje, da macht das Mamapapa aber böse Gesichter.

„Was fällt dir ein!“, schimpft es. „Austoben kannst du dich, wenn du deine Gammelklamotten anhast. Du könntest dich mindestens entschuldigen, aber stattdessen gibst du uns eine freche Antwort!“

Julian zieht den Kopf ein und geht nach oben, um die dreckigen Hosen loszuwerden.

Als er gleich darauf zum Essen wieder nach unten kommt, hat das Mamapapa beschlossen, dass er heute keinen Nachtisch kriegt. Das ist nicht nur eine Strafe dafür, dass er die Klamotten so verdreckt hat.

„Das Schlimmste ist“, sagt das Mamapapa, „dass du auch noch freche Antworten gibst anstatt dich zu entschuldigen.“

Nach dem Essen wartet Julian darauf, dass Mama ihm heimlich doch noch ein Schälchen Karamellpudding bringt.
Aber weil das so lange dauert, schleicht er die Treppen hinunter und schaut heimlich in die Küche.
Da steht die gespülte Puddingschüssel.
Kein Fitzel Pudding ist mehr drin.

Julian schaut sicherheitshalber im Kühlschrank nach.
Nichts.
Das Mamapapa hat den ganzen Pudding alleine aufgegessen! Es ist ein ganz schreckliches Ungeheuer!
Julian ist wütend auf Stine. Dafür schuldet sie ihm etwas. Mindestens eine halbe Tafel Schokolade schuldet sie ihm.

„Mehr als die Hälfte kriegst du aber nicht!“, sagt Stine und sieht unglücklich zu, wie Julian in ihre Schokolade beißt. „Du bist aber schuld!“, sagt Julian mit vollem Mund. „Das war eine richtige Quatschidee!“

„Wir überlegen uns was anderes“,

verspricht Stine und nimmt Julian die Schokolade aus der Hand.
„Geh doch mit deinem Papa auf den Fußballplatz“, schlägt sie vor. „Am besten jeden Samstag. Und dann redest du mit ihm nur noch über Fußball. Väter finden das gut, aber Mütter nervt das total.“
„Mein Papa findet Fußball aber langweilig“, sagt Julian.
„Dein Mamapapa ist aber wirklich schwierig.“ Stine packt den Rest Schokolade in ihre Schultasche. Sie findet nämlich nicht, dass sie darunter leiden muss, wenn Julians Eltern so schwierig sind.
Dann fällt ihr etwas ein.
„Ich hab’s!“, sagt sie. „Ich habe eine superobergute Idee! Das klappt ganz sicher!“

„Na toll“, sagt Julian. „Wahrscheinlich kriege ich wieder keinen Nachtisch.“
„Nein, nein.“ Stine hüpft von einem Fuß auf den anderen, weil ihre Idee unbedingt rauswill. „Hab ich selber auch schon mal ausprobiert. Und im Fernsehen funktioniert es auch immer.“
„Dann sag, was es ist.“ Julian ist noch nicht so überzeugt. Was im Fernsehen funktioniert, das funktioniert zu Hause noch lange nicht, das kennt er schon.

Das Mamapapa würde zum Beispiel nie einen Außerirdischen in der Garage verstecken, das hat es ausdrücklich gesagt.

„Du musst warten, bis du eine schlechte Arbeit schreibst“, fängt Stine an.

„Hab ich schon“, murmelt Julian düster.

„Die Mathearbeit gestern habe ich garantiert verhauen.“
„Na prima“, sagt Stine. „Wenn du die Mathearbeit zurückkriegst und wirklich eine schlechte Note hast, dann sagst du deinen Eltern, du kannst in der Schule nicht aufpassen, weil du Liebeskummer hast.“
„Weil ich *was* habe?“ Julian wird puterrot. „Du spinnst wohl!“

„Das sollst du doch nur so sagen“, beruhigt ihn Stine. „Das gehört zum Plan. Du musst nicht in Wirklichkeit verliebt sein. Dein Papa geht garantiert in die Luft, wenn er das hört.“

„Wie eine Rakete“, sagt Julian. „Aber Mama bestimmt auch.“

„Neee“, Stine schüttelt den Kopf. Sie kennt sich mit so etwas aus, weil sie noch zwei ältere Schwestern hat. „Mamas finden das süß. Frauen sind nämlich romantisch. Deine Mama streicht dir höchstens über den Kopf und sagt, dass alles nicht so schlimm ist.“

„Glaub ich nicht“, brummt Julian. „Das mache ich sowieso nicht. Das ist eine Oberquatschidee.“

Allein bei der Vorstellung, dass er so etwas sagen soll, möchte Julian am liebsten im Erdboden versinken.

„Na gut“, sagt Stine beleidigt. „Dann wirst du eben nie erleben, dass deine Mama etwas anderes sagt als dein Papa. Bei mir brauchst du dich dann nicht mehr zu beschweren über dein Mamapapa.“

„Das ist auch nicht so wichtig“, sagt Julian würdevoll.

So ein großes Opfer kann er doch nicht bringen!

Außerdem will er lieber erst mal abwarten, ob die Mathearbeit wirklich so schlecht ausgefallen ist.

„Au weia!“, sagt Julian, als er seine Mathearbeit vor sich liegen hat.
„Schlimm?“, flüstert Stine.
Julian nickt.

Er kann sich genau vorstellen, was das Mamapapa dazu sagen wird. Er kann sich auch genau vorstellen, woran Stine jetzt denkt.
Vielleicht ist ihre blöde Idee ja doch nicht so blöd, wie Julian am Anfang gedacht hat. Vielleicht ist eine Hälfte vom Mamapapa nicht so böse, wenn er sagt, dass er verliebt ist.
Auf dem ganzen Weg nach Hause kämpft Julian mit sich selbst.

Er macht sogar noch einen Umweg, damit er ein bisschen länger mit sich selbst kämpfen kann.
Dann fällt ihm ein, dass heute Nachmittag

eine Folge von „Planet der Ratten“ im Fernsehen kommt. Das darf er nur anschauen, wenn das Mamapapa gut gelaunt ist. Und das Mamapapa ist nur gut gelaunt, wenn es nichts von der Mathearbeit weiß. Oder wenn Julian eine ganz besonders gute Ausrede hat.

Als Mama ihm die Tür aufmacht, riecht es verlockend nach Dampfnudeln.
„Mit Vanillesoße?“, fragt Julian und fühlt sich so schwach, dass Mama ihm aus der Jacke helfen muss.
„Klar“, sagt Mama. „Wie immer.“
Julian setzt sich an den Tisch.

„Wie war die Schule?“, fragt Papa.
„Hmmmm“, macht Julian.
„Habt ihr die Rechenarbeit zurück?“, fragt Papa.
Dem Mamapapa entgeht nichts! Es hat Julians Stundenplan in der Küche hängen und kann sein Leben vollkommen kontrollieren.
„Jetzt sag schon!“, sagt Mama.
Julian würde viel lieber erst einmal eine Dampfnudel essen.
Aber das Mamapapa sieht ihn mit seinen vier Augen so erwartungsvoll an, dass er nicht schlucken kann.
Jetzt muss Julian behaupten, dass er verliebt ist. Er kriegt ganz nasse Hände.
„Wir reißen dir schon nicht den Kopf ab!“, verspricht das Mamapapa, aber Julian glaubt ihm kein Wort.

Wenn es sich ärgert, dann kann ein Mamapapa vielleicht drei Portionen Dampfnudeln auf einmal essen und einen ganzen Topf Vanillesoße dazu!
„Ich ... ich kann in der Schule nicht richtig aufpassen“, stottert Julian.
„Warum denn nicht?“, möchte das Mamapapa wissen. Es klingt ganz besorgt. „Hörst du vielleicht nicht gut? Sollen wir mit dir zum Arzt gehen?“
Julian schüttelt den Kopf.
„Nein“, flüstert er. „Es ist nur ...
ich habe
Liebeskummer ...“

Kaum hat er es ausgesprochen, da nimmt sich Julian schon vor, dass er Stine morgen eine fette Spinne in die Federmappe stecken wird. Die fetteste Spinne, die er finden kann. So fett, dass Stine sofort in Ohnmacht fällt, wenn sie ihre Federmappe aufmacht.

Julian schielt nach dem Mamapapa, weil es so lange nichts sagt.
Schließlich atmet die Papa-Hälfte vom Mamapapa tief durch.

„Ich hör wohl nicht recht“, sagt es. „Du hast sie wohl nicht mehr alle!“
Julian schaut seine Mama an. Die muss ihm jetzt zu Hilfe kommen. Sie muss etwas sagen.
Sie sagt auch etwas.
„Das ist die schlechteste Ausrede, die ich jemals von dir gehört habe“, sagt sie.
„Du siehst zu viel fern“, sagt Papa. „Dauernd schaust du dir diesen amerikanischen Plunder an. Da ist es kein Wunder, wenn du spinnst.“
„Du weißt ja nicht mal, was das ist, verliebt“, sagt Mama.
Das war ja nun eine völlige Pleite!
Nichts, aber auch wirklich gar nichts hilft gegen ein Mamapapa, denkt Julian. Das Mamapapa ist sogar doppelt böse: erstens wegen der Mathearbeit und

zweitens, weil er so dumm und verliebt ist.
Aber es ist gnädig und gibt ihm ein paar Dampfnudeln ab.

Trotzdem sieht es Julian während des ganzen Mittagessens strafend an.
Die Dampfnudeln schmecken an so einem Tag gar nicht richtig. Es ist die reine Verschwendung.

Als Julian später Hausaufgaben macht, kommt Mama leise zur Tür herein.
„Na, du Rechenmonster?“, fragt sie.
Julian schöpft wieder Hoffnung.
„Wir haben noch mal über das geredet, was du da vorhin gesagt hast“, sagt Mama.
Julian seufzt. Wenn Mama einen Satz mit „wir“ anfängt, dann spricht sie für das Mamapapa.

„Wir möchten nicht, dass du denkst, wir haben für so etwas kein Verständnis“, sagt Mama. „Es kommt uns eben komisch vor, dass du dich jetzt schon für Mädchen interessierst.“ Und sie streicht Julian über den Kopf. „Das hat doch viel Zeit“, sagt sie leise und nimmt ihn in den Arm.

Julian schämt sich sehr, weil er gelogen hat.

Stine hat Recht, so richtig böse ist ihm Mama nicht, aber mit Papa hat sie sich deswegen auch nicht gestritten.
Jedenfalls hat sich Julian ganz umsonst blamiert.
„Stines Papa schmeißt mit Blumentöpfen, wenn er sich mit Stines Mama streitet“, sagt Julian.
„Stine also“, sagt Mama. Julian sieht

genau, dass sie versucht, nicht zu grinsen. Julian wird im Zoogeschäft eine richtige Vogelspinne kaufen. So eine mit dicken roten Borsten. Wenn die aus Stines Federmappe kriecht, bekommt Stine vor Schreck ganz weiße Haare. Auf einen Schlag. So was kann nämlich passieren. Und dann muss sie einen alten Mann heiraten. Das hat sie von ihren blöden Ideen.

„Schau nicht so“, sagt Julians Mama. „Es kommt häufig vor, dass Mamas und Papas sich streiten. Die arme Stine.“ „Und ihr“, fragt Julian, „streitet ihr euch nie?“

Manchmal hat er den Verdacht, dass Mama und Papa sich nur dann streiten, wenn Julian aus dem Haus geht. Damit er es nicht merkt und glaubt, dass das Mamapapa unbesiegbar ist.

Aber Mama lächelt. „Nein, da haben wir Glück“, sagt sie. „Dein Papa und ich, wir brauchen uns nicht zu streiten. Wir vertragen uns prima. Da brauchst du wirklich keine Angst zu haben.“
Julian muss noch einmal tief seufzen.

Im Zoogeschäft gibt es keine Vogelspinnen zu kaufen und auch die Spinnen im Keller haben sich alle verkrochen.
Wahrscheinlich will keine von Julian in die Schule mitgenommen werden. Julian kann das zwar verstehen, aber es ist doch schade. Nun weiß er gar nicht, wie er Stine ihre blöden Ideen heimzahlen soll.
Die kommt ihm im Klassenzimmer gleich ganz neugierig entgegen.
„Wie war's denn?“, will sie wissen.
Julian knurrt, so böse er nur kann, und setzt sich auf seinen Platz.
Von nun an wird er seine Probleme selber lösen wie ein richtiger Indianer. Dazu braucht er keine blöden Weiber mehr.

„Hat es nicht geklappt?“, fragt Stine. Sie sieht ein bisschen verlegen aus.

Julian knurrt wieder nur.

„Ich habe aber inzwischen eine noch viel bessere Idee“, sagt Stine schüchtern.

Aber Julian will absolut keine blöden Weiberideen mehr hören.

„Viel, viel besser!“, versichert Stine. Und weil Julian immer noch nicht nachfragt, sagt sie es einfach: „Wenn nämlich deine Eltern immer die gleiche Meinung haben, dann brauchst du dringend einen Bruder oder eine Schwester. Dann seid

ihr nämlich zwei gegen zwei. Noch mehr Geschwister wären natürlich noch besser."
Julian überlegt.
Mädchen haben fast immer nur blöde Ideen und deswegen wäre ihm ein Bruder viel lieber als eine Schwester.
Ansonsten findet er, dass das ausnahmsweise eine prima Idee ist.
So prima, dass er froh ist, dass Stine jetzt doch noch keine weißen Haare hat.
So etwas kann man nicht wieder rückgängig machen, selbst wenn es einem hinterher Leid tut.

Diesmal rennt Julian ohne Umweg nach Hause.
„Ich brauch ganz dringend einen Bruder!“, keucht er, während er noch die Schuhe abstreift.
Das Mamapapa sagt erst mal gar nichts.
Es klimpert verblüfft mit allen vier Augenlidern.

„Am besten ganz schnell, damit er bald sprechen kann“, sagt Julian.
Brüder, die noch nicht sprechen können, sind nämlich auch keine Hilfe.
„Wie kommst du denn jetzt auf diese Idee?“, fragt Mama. Sie kriegt rosige Bäckchen.
Julian zuckt mit den Achseln. Von Stine erzählt er lieber nicht.

„Na, das kannst du dir gleich wieder abschminken“, sagt Papa. „*Ein* Lümmel reicht uns völlig.“ Und er schneidet kräftig in sein Schnitzel.
„So schnell geht das jedenfalls nicht“, sagt Mama und kriegt plötzlich einen ganz träumerischen Blick.

Papa legt seine Gabel auf den Teller und wischt sich mit dem Handrücken den Mund ab, obwohl sich das nicht gehört. „Das geht nicht schnell und nicht langsam!“, sagt er streng. „Das geht überhaupt nicht. Darüber waren wir uns immer einig.“ Den letzten Satz sagt er zu Mama.

„Darüber waren wir uns noch nie einig!“, sagt Mama laut.
Julian schaut verwirrt von einem zum anderen. Wie reden die denn jetzt plötzlich miteinander?
Diesen Tonfall kennt er von Mama gar nicht. Jetzt presst sie ihre Lippen aufeinander und sticht so heftig mit der Gabel in ihr Schnitzel, dass es wegrutscht und ein paar Erbsen vom Teller rollen.
Aber Papa isst nicht weiter.
„Wir waren uns einig!“ sagt er.

„*Du* wolltest nichts von einem zweiten Kind hören!“, sagt Mama und wuschelt Julian beruhigend durch die Haare, damit er sich nicht aufregt. Auf ihn ist sie jedenfalls diesmal nicht böse. Das macht Julian Mut.
„Einzelkind sein ist nämlich blöd“, sagt er deshalb.

„Ich weiß", sagt Mama und seufzt.
„Nicht unbedingt", sagt Papa. „Das kann man nicht so allgemein sagen. Nehmt mich als Beispiel. Ich war gerne ein Einzelkind. Ich fand es immer sehr schön. Ich hatte alle meine Spielsachen und meine Mama und meinen Papa ganz für mich allein."
„Ach, ein bisschen traurig ist es schon, das musst du zugeben!", sagt Mama.
„Ganz furchtbar traurig!", bestätigt Julian.
„Ich muss überhaupt nichts zugeben", sagt Papa ärgerlich. Er steht auf und geht aus dem Zimmer, dabei ist noch ein ganzes Stück Schnitzel da.
Er schlägt zwar die Tür nicht hinter sich zu, aber besonders vorsichtig schließt er sie auch nicht.
Julian kriegt einen Riesenschreck.

So ist das also, wenn Mamas und Papas sich streiten.
Womöglich lassen sie sich jetzt scheiden und er allein ist schuld. Und Stine natürlich auch. Stine ist noch viel mehr schuld. Ihre blöde Idee war das.
„Lasst ihr euch scheiden?“, flüstert Julian. Mama hat die ganze Zeit auf die Tür geschaut, hinter der Papa verschwunden ist. Jetzt sieht sie Julian an, blinzelt zweimal und sagt: „Wie kommst du denn auf die Idee, um Himmels willen? Wegen einem kleinen Streit lässt man sich doch nicht gleich scheiden.“
Das stimmt. Schließlich werfen Stines Eltern mit Blumentöpfen und haben sich trotzdem noch nie scheiden lassen.
Julian ist ein bisschen beruhigt.
Aber schön ist es wirklich nicht, wenn

Mamas und Papas sich streiten. Man bekommt Bauchschmerzen davon.

„Du brauchst nicht zu weinen“, sagt Mama und schaut ihn ganz lieb an. „Ich fände es auch sehr schön, wenn du einen kleinen Bruder oder eine kleine Schwester hättest.“

„Dann müssen wir Papa überreden“, sagt Julian.

„Das wird nicht einfach sein.“ Mama seufzt.

„Wir sind aber zwei gegen einen.“ Julian steht auf und stellt sich vor Mama.
Na ja, so richtig groß ist er noch nicht, vielleicht sind es nur fast zwei gegen einen. Aber auf jeden Fall sind sie in der Überzahl.
„Du hast Recht!“ Jetzt muss Mama schon wieder lachen. „Wir sind zwei und Papa ist nur einer.“
„Aber es muss dann schon ein Bruder sein“, verlangt Julian.
„Das kann ich nicht versprechen“, sagt Mama. „Nimmst du zur Not auch eine Schwester?“
„Zur Not“, sagt Julian und seufzt. „Eine Schwester geht auch.“
Ein bisschen sagt er das, um Mama einen Gefallen zu tun. Aber vielleicht ist eine Schwester gar nicht so schlimm.

Immerhin haben Mädchen ja manchmal auch ganz brauchbare Ideen.